AF278668

# L'EMPEREUR

# NAPOLÉON III

## ESSAI SUR

## SA POLITIQUE

PARIS

L'ÉCRIVAIN ET TOUBON, RUE GIT-LE-CŒUR, 10

ET CHEZ LES PRINCIPAUX LIBRAIRES

—

1859

Paris. — Impr. de DUBUISSON et Cⁱᵉ, rue Coq-Héron, 5.

# L'EMPEREUR NAPOLÉON III

## ESSAI SUR

## SA POLITIQUE

Jamais la paix ne nous a semblé plus désirable et plus utile, et pourtant jamais la guerre n'a plus vivement que de nos jours excité notre humeur belliqueuse.

Répondre à ces sentiments, en quelque sorte contradictoires, avec une mesure égale, en soutenant fermement le droit contre la violence, et en sacrifiant à la paix toute ambition personnelle, dès que la justice est satisfaite, voilà ce qui assure tous nos suffrages à la politique de l'Empereur Napoléon III.

Quand cette politique tient l'Europe en échec et l'opinion en sus-pens, il importe de rechercher, dans la magnificence de ses résul-tats présents, l'avenir encore plus heureux qu'elle nous promet.

C'est en rappelant l'Europe aux principes de 89, l'autorité à la justice et la force matérielle à la raison, que ce grand monarque s'élève au niveau du héros dont il vient reprendre et continuer l'œuvre. C'est par son ardeur à poursuivre l'auréole de gloire, offerte à sa vue éblouie par l'ombre de Napoléon I<sup>er</sup>, qu'il remplit le monde de sa renommée, et qu'il se recommande surtout aux sympathies de la France.

En vain l'ostracisme de la réaction l'avait banni de ce théâtre de sa grandeur future, toujours il y vivait par la pensée.

Après l'événement de février, qui suscita tant de chimères et fit surgir tant d'utopies, au milieu des discordes civiles, il apparut comme un principe conservateur de l'ordre troublé par la fureur des partis. La bourgeoisie, effrayée, l'accueillit comme un sauveur; une imposante majorité l'acclama comme une espérance. La magie de son nom lui ouvrant les voies, sa prudence le maintient et son génie le consolide sur le trône où l'a élevé sa fermeté.

« Fatalement l'homme des circonstances », jamais personnage politique ne sut les accueillir plus à propos, en éviter les périls, en saisir toutes les chances favorables avec plus d'habileté.

De toutes les nations de l'Europe, c'est la France qu'il connaissait le moins. Enfant, il s'en était vu éloigné par l'occupation étrangère ; homme mûr, il la retrouvait en proie aux discordes civiles, sceptique, frondeuse, à tel point qu'elle semblait inapte à tout état régulier. Et c'était ce pays ingouvernable que le suffrage universel l'appelait à gouverner !... La détermination avec laquelle l'élu du dix décembre se mit à l'œuvre excita l'attention ; son audace à envisager la situation, son énergie et sa décision soudaine à en trancher le nœud gordien, lui concilièrent la confiance de ses adhérents, en imposant la crainte et le respect à ses adversaires. Et, chose étonnante ! par sa prudence, il a calmé les appréhensions des uns, comblé l'attente des autres, et soulevé l'admiration générale !

Le pouvoir n'a été pour lui qu'un moyen, ayant pour but la gloire de la France, qu'il a voulue calme et paisible à l'intérieur, grande et forte au dehors : il y réussit au delà même de toute espérance.

Telle est la justesse de ses vues et l'exquise finesse de son tact, qu'il a toujours grandi en se déclarant, au dedans, pour l'ordre contre les fauteurs du désordre, au dehors pour l'équité contre les violateurs des droits du faible ; et tel est le privilége du génie, qu'il s'est montré le plus fort en embrassant le parti qui avait la faiblesse apparente.

Sans système préconçu, sans autre programme que l'intérêt et l'honneur du pays, il a pu s'expliquer avec franchise, sans engager l'avenir, et tenir, en toute occasion, un langage digne de la France.

C'est ainsi qu'il a dit, aux pacifiques : « L'empire, c'est la Paix », aux belliqueux : « Je ne cherche pas la guerre, mais je ne la crains pas. » Et, sans manquer à la modération qu'il s'est proposée pour règle, il a prouvé qu'avec la justice pour principe, il a la force et toutes les vertus nécessaires à l'accomplissement de sa mission providentielle.

Si sa tâche était délicate à l'intérieur, elle était encore plus émouvante à l'extérieur, où tout est instable, précaire, transitoire.

Ebranlée par deux cataclysmes, l'Europe avait été ramenée au régime de la force. La Pologne, la Hongrie, l'Italie, l'Espagne en ont tour à tour subi les dures conditions. En rétablissant un faux équilibre, les traités de 1815 avaient sanctionné de grandes iniquités ; la liberté du monde était menacée ! Depuis 1830, où la Sainte-Alliance s'était vue mutilée impunément, la paix armée n'était autre chose que la guerre en germe. Des armées innombrables absorbaient les sueurs des peuples en rivant leurs fers. L'orgueil de l'Angleterre, qui, avec l'empire des mers, s'était arrogé le *quos ego ;* l'ardeur envahissante de la Russie, la brutalité de l'Autriche, semblaient proclamer de nouveau, pour unique droit des gens, le *Væ victis !* (Malheur aux vaincus !) A chaque mouvement de la France, c'était le spectre de l'invasion qui se relevait menaçant. Le faible, l'opprimé en appelaient de leurs droits méconnus, outragés.

La Turquie criait : « Au secours ! » l'Italie : « Pitié ! »

Il y avait péril, il fallait prompte réparation. La justice a ses dieux vengeurs !

Les mânes de quatre-vingt-neuf, surpris et trahis à Waterloo, protestaient contre tant d'abus par la restauration de l'Empire, sur les ruines duquel les avaient décrétés les *réactions conjurées.*

Le cri du faible, de l'opprimé, est entendu. La France a pris les armes ; et, sous les auspices de la politique napoléonienne, elle a montré qu'elle avait encore même héroïsme et même valeur. La Turquie a été préservée, l'Italie affranchie : un grand résultat moral est fourni. Tous ces colosses que le servilisme prônait, que la peur grandissait, ramenés en un moment à leurs proportions naturelles, ont vu s'évanouir leur gigantesque exagération, dans la poussière des champs de bataille illustrés par nos victoires. Le sang généreux, qui a coulé, est le baptême d'une régénération pour laquelle concourent à propos la politique et la guerre.

Confiant en la sainteté de sa cause, Napoléon III s'est montré, à l'égard des puissances étrangères, exempt de tout préjugé, libre de toute crainte; conciliant avec ses alliés, d'une fermeté inébranlable envers ses adversaires. C'est de concert avec l'Angleterre qu'il a arrêté les empiétements de la Russie; seul, il a volé au secours des Italiens.

Au brusque ultimatum de l'Autriche, il a répondu :

« Jusqu'ici, la modération a été la règle de ma conduite, maintenant l'énergie devient mon premier devoir. »

La France, qui l'a compris, l'a secondé d'enthousiasme : l'élan a été général. Aux cris de : « Vive l'Italie! » la libéralité de nos capitalistes correspondait avec l'ardeur de nos soldats. Et le peuple français, dans son mouvement d'héroïque patriotisme, a, pour la première fois, universellement communié avec son Empereur. Communion de la gloire, qui s'inspire des sentiments d'une fraternité réelle !

Laissons, après cela, les empiriques attribuer tout aux ambitions personnelles : il est loin de nous, le temps où le caprice des hommes donnait le change aux principes.

L'irrésistible entraînement qui nous lançait, dans cette guerre formidable, s'explique par notre désintéressement même. Jusqu'à ce jour, la France ne s'était montrée à l'Italie qu'en conquérante; heureuse de l'arracher à l'oppression étrangère, elle n'y a paru qu'en libératrice. « Tout pour elle et rien pour nous, » s'est-elle écriée en allant rendre à l'indépendance la nation qu'elle a voulu traiter en sœur.

Des résultats prodigieux ont répondu à cet élan chevaleresque.

Emportée par son héroïsme, la France a obtenu sa plus pure gloire et cueilli ses plus beaux lauriers sur ce sol classique de l'inspiration, où jadis elle vint s'allumer au feu sacré de l'art. Heureux effet d'un élan magnanime ! Naguère, nous croyions l'Italie avilie sans retour; le torysme anglais l'affirmait dédaigneusement; maintenant nous accompagnons de tous nos vœux le calme et la constance de cette noble nation à poursuivre l'établissement de son indépendance sur des bases durables.

En payant lui-même de sa personne, pour une aussi sainte cause,

Napoléon III y a grandi et complété sa réputation. A Magenta, le profond politique et l'habile diplomate s'est révélé grand capitaine ; à Solférino, il s'est élevé par son courage à la hauteur de sa tactique savante.

Si son brusque traité de paix a surpris, il ne faut pas oublier qu'il a surtout en vue une influence morale, qu'il grandit et qu'il étend par sa magnanimité. Avec sa profondeur de vues habituelle, il s'est contenté de jeter la semence, il a laissé au temps de féconder et de mûrir. Conséquent avec ses principes, c'est dans tout le prestige de la victoire qu'il a borné son ambition personnelle à un résultat moral ; mais malheur à qui oserait prendre le change et tenter encore !

Il a ainsi obtenu un double triomphe : par ses armes, contre l'Autriche ; par le traité de Villafranca, contre la diplomatie. En un instant, il est venu, il a vu, il a vaincu, et, de sa volonté, il a tranché une question capitale. Il a basé l'indépendance et la nationalité italienne sur la seule unité possible, la Confédération. Il a relevé l'autorité spirituelle du pape en modifiant sa souveraineté temporelle. Il a donné un grand exemple de désintéressement en renonçant à l'esprit de conquête, ce dernier vestige de la barbarie. Tous les résultats essentiels sont acquis, et le droit, formulé par la philosophie, dogmatisé par le christianisme, reçoit dans son accord avec la politique une nouvelle impulsion civilisatrice.

La campagne d'Italie témoigne d'un double progrès moral et matériel. Que dire de la rapidité des opérations qui ont, en cinq ou six semaines, permis de livrer quatre combats heureux, de remporter deux victoires décisives, contre des forces innombrables, retranchées dans des positions presque inaccessibles, et de mettre hors de combat près de cent mille hommes ? Deux cent mille hommes transportés, avec une rapidité inouïe, et pour ainsi dire à l'improviste, sur le Mincio, pour dicter une paix glorieuse, font le plus grand honneur à la France, qui a montré la force de son patriotisme, l'élan de ses soldats et la sagesse de son gouvernement à disposer de si puissantes ressources.

Solférino, ce combat de géants, qui n'a pu ébranler son courage, a ému le cœur de Napoléon III. Il dit à sa vaillante armée :

« La patrie reconnaissante vous remercie, par ma bouche, de tant de persévérance et de courage, mais elle pleure, avec moi, ceux qui sont morts au champ d'honneur. »

« Soldats ! tant de sang versé ne sera pas inutile pour la gloire de la France ni pour la prospérité des peuples. »

J'en prends pour gage de si belles paroles.

Assurément, tant de sang versé et de hauts faits accomplis ne sauraient être perdus, ni pour la prospérité des peuples, ni pour la gloire de la France et sa civilisation, car les peuples, qui recouvrent leurs droits, et la France, qui a retrouvé ses vertus, marcheront avec plus d'ensemble vers un même but : la fraternité !

La politique de Napoléon III, si digne de la France par son désintéressement, obtient des résultats bien plus efficaces que d'éphémères et onéreuses conquêtes.

Notre influence morale grandit ; nos relations s'étendent ; nos alliances se multiplient et notre prépondérance augmente de tout l'essor de notre puissance matérielle : chacune de nos guerres change les animosités de nos adversaires en dispositions amicales ; chacune de nos victoires est un pas nouveau vers le progrès qui entraîne tous les peuples dans le même système de développement pacifique.

Une situation si brillante promet le plus bel avenir. Une campagne glorieuse, une paix honorable ouvrent un champ et plus large et plus libre à notre amélioration intérieure. Notre perfectionnement moral doit puissamment s'en ressentir.

La guerre qui vient d'avoir lieu a été d'un grand effet. Le rapprochement qu'elle a amené entre les principes les plus opposés et des opinions longtemps rivales, pour un même objet, l'affranchissement d'une grande nation, est un gage de conciliation. L'estime réciproque qu'elle a provoquée entre les parties belligérantes éveille l'amour et garantit la concorde à venir, qui a pour prémices une paix due au sentiment et à la raison d'un esprit essentiellement humain. L'Empereur des Français, qui s'est montré aussi modéré après la victoire qu'intrépide pendant la lutte, voit sa politique dignement appréciée au dehors comme au dedans. Il peut compter sur les conséquences heureuses d'une paix pour laquelle, par le plus magnanime effort, il a sacrifié toute ambition personnelle. Au sein d'un peuple dont il satisfait les désirs de gloire, tout en maintenant sa tranquillité intérieure, il acquiert des adhésions toujours plus nombreuses. Avec une situation moins tendue, par la confiance qui s'établit plus parfaite entre le peuple et son gouvernement, plus libre et plus large dans l'exercice de son autorité, il peut poursuivre avec plus de fruit l'application des grandes réformes qu'il méditait jadis dans le silence de la solitude.

Comme il a compris la grandeur de la France, il a aussi la conscience de ses besoins moraux.

« La France, a-t-il dit, a montré sa haine contre l'anarchie, mais elle n'a pas pour cela abdiqué son rôle civilisateur. »

« Ses alliés naturels sont ceux qui veulent l'amélioration de l'humanité. »

La France, foyer rayonnant, est le cœur du monde civilisé, sur lequel agit sa pensée avec la rapidité du fil électrique. Rien de ce qui s'y pratique ne nous est étranger et ne peut nous paraître indifférent. Mais, pour répondre aux besoins de ce monde, qui attend de nous la lumière, il nous faut marcher nous-mêmes pleinement dans les voies du progrès, et poursuivre notre amélioration morale, sous les auspices d'un souverain qui nous donne l'impulsion et l'exemple.

Les terribles commotions qui ont précédé, au lieu d'une liberté sage, n'avaient engendré que scandales, inconséquences et déceptions. Un grossier nivellement attentait à toutes les distinctions, prenant en dédain celles qui sont le prix de la vertu ; une seule a survécu, humiliante, immorale : c'est celle de l'argent. La fameuse maxime : « Enrichissez-vous » a semblé prévaloir sur le désintéressement, sur le dévouement, sur tout sentiment élevé en général. Une telle recrudescence de matérialisme a fait sortir la masse de sa sphère ordinaire. Une grande impulsion a été donnée au travail, mais notre développement moral s'est ralenti, notre niveau intellectuel s'abaisse. On a négligé d'autant plus la spéculation intellectuelle que la spéculation financière a été en plus grande vogue. L'agiotage est devenu la fièvre sociale, et la soif inextinguible de l'or féconde en turpitudes. Unique mobile de l'activité individuelle, le lucre nous a attirés dans la même arène, pour l'antagonisme forcené de intérêts les plus sordides. Plus on court après la fortune, plus on dédaigne la considération que s'attirait tout esprit cultivé, et l'on se rit du sublime sacrifice à la vertu désintéressée.

Tristes effets de la vénalité ! A Rome, la couronne impériale même avait été mise à prix d'argent. Didius Julianus, riche parvenu, l'avait achetée. Traîné bientôt à la mort par les prétoriens mêmes qui avaient dissipé son argent, il s'écria ; « Quel mal ai-je donc fait ? »

L'insensé! il s'était rendu complice de ceux qui avaient rompu tout ordre politique en prostituant l'autorité suprême !

Le mal s'aggravait si fort parmi nous, qu'il ne fallait rien moins que les âpres excitations de la guerre pour nous distraire des tristes émotions du jeu et nous arracher à la torpeur de nos esprits et de nos sens, énervés, chez les uns, par l'abus des jouissances, chez les autres, par les fatigues et le dégoût d'un travail presque stérile. Le sentiment de notre gloire nous ramène à celui de notre dignité; nous entrons dans une nouvelle ère d'amélioration morale. Une heureuse réaction s'opère contre cette souveraineté du but qui ne se traduit qu'en espèces métalliques.

Que les plaisirs purs de l'esprit soient opposés à l'illusoire avidité de nos sens et nous conserverons, toujours plus sensible, notre supériorité intellectuelle et morale dans le monde.

L'industrie, source de richesse et de bien-être matériel, ne suffit point à tous nos besoins. Elle dégénère, dès que le génie de l'art cesse de lui proposer ses types toujours nouveaux de perfectionnement. Sans vues élevées, le commerce fait de l'argent un but souverain, et devient le vol organisé.

Le beau idéal, qui doit être l'objet constant de nos aspirations, peut seul établir par le travail la démocratie sur ses bases d'organisation régulière.

L'art trouve sa manifestation la plus complète dans les belles-lettres, qui relèvent, par leurs formes gracieuses, les hautes pensées et les sentiments les plus généreux. Les lettres, qui répandent partout la lumière, qui instruisent et moralisent, sont au plus haut point favorables à l'union et à la concorde. Essentiellement pacifiques, elles rapprochent et concilient. En vain, quelques-uns de leurs adeptes cherchent-ils à les lancer dans des luttes qui leur sont étrangères, ils sont reniés par les Muses, qui réclament le silence et la paix pour chanter sur leur lyre leurs divins préceptes, et célébrer dans leurs hymnes les héros du progrès, immortaliser tout génie créateur, et, par leurs monuments, éclairer l'avenir en conservant la tradition.

Généralisées par l'enseignement le plus propre à cultiver chacun selon son aptitude, à éclairer les vocations, à relier en un corps tous les éléments sociaux, elles deviendront la voix des masses, harmoniées, épurées par une éducation qui rendra à la considération toute sa moralité, en la basant sur le mérite personnel.

En plaçant à notre tête un homme complet, la Providence, qu
veille sur nous, a voulu, non-seulement assurer le présent, mais
encore donner des espérances pour l'avenir. Dévoué entièrement à
l'intérêt de la France, Napoléon III, qui travaille avec autant de
constance que de bonheur à sa prospérité intérieure, grandit sa prépondérance, étend son influence morale, en poursuivant, avec autant d'équité et de modération que de courage, les principes de
*quatre-vingt-neuf.* Sacrifiant pour le règne de la justice et pour la
gloire de la France les loisirs de la paix, et s'arrachant aux doux
liens de la famille, il comprend la solidarité des peuples, et ne craint
pas de braver les plus grands dangers pour la défense de leurs
droits. Il lui reste à compléter son œuvre, en leur offrant pour modèle la France, dont il aura encouragé et activé le développement
intellectuel et moral.

Si le monde est inquiet au sein même de la prospérité et de l'a-
bondance, c'est qu'il lui manque quelque chose pour rétablir un
juste équilibre entre ses besoins matériels et moraux ; c'est qu'il faut
que l'idée suive son cours, à la faveur de la paix solidement établie
au dedans et au dehors, sur les bases de l'équité, et que les travaux de l'esprit, favorisés par une sage liberté, offrent un contrepoids
nécessaire à l'effervescence de nos sens et à de grossiers intérêts
qui, sacrifiant les principes aux effets, la morale au but, n'encou-
rent, à travers les chances périlleuses du hasard, d'autre justification
que le succès !

Et que deviennent toutes les vertus morales? Justice ! justice !
comme tu faiblis dans le cœur de l'homme, quand il se laisse enva-
hir par des passions déréglées et que le sophisme dénature son
esprit !

Expression de la pensée dans ce qu'elle a de mystérieux et d'in-
time, les travaux intellectuels ne sont pas seulement une puissante
impulsion morale, ils sont une heureuse diversion aux travaux in-
dustriels, dont ils éclairent la marche, dont ils précisent l'application et dont ils élèvent le but. En réglant nos appétits, en épu-
rant nos sentiments, ils facilitent nos rapports mutuels par les lu-
mières qu'ils répandent et la charité qu'ils conseillent. Et, l'activité
sociale réintégrée dans sa sphère d'action la plus large, on voit surgir le bien-être commun à mesure que chaque faculté trouve son
exercice, chaque aptitude son emploi légitime, et que tous les in-

dividus se classent selon leur valeur relative et selon leur portée intellectuelle et morale.

Oh ! vous tous partisans du positif, qui avez prétendu, en mécanisant les intelligences, les réduire à converger toujours dans le même orbite, trop étroit et trop borné, qui avez cru pouvoir limiter ce qui est sans limites, étouffer ce qui est impérissable, qu'avez-vous gagné ? Le vague et le marasme qui nous tourmentent ; une préoccupation indéfinissable de besoins indéterminés.

L'inconnu, voilà le plus puissant mobile de l'intelligence humaine. La spéculation philosophique et l'inspiration littéraire sont les agents qui nous guident, par des perfectionnements successifs, vers l'Eldorado du monde intellectuel.

Un heureux retour vers le travail, qui honore le plus l'humanité, implique une paix parfaite et une liberté suffisante.

L'homme qui a pu pardonner aux vaincus et humilier les superbes, confondre l'orgueil des systèmes et la vanité des fictions, sait que le juste équilibre entre l'ordre et la liberté, c'est le bon sens et la raison, soigneusement cultivés.

Napoléon III, qui exprime les pensées de l'homme d'État avec l'élégance d'un académicien, a le feu sacré de l'art au même degré que le génie de la politique. Comme Napoléon Ier, il pense que les lettres sont le cœur de l'homme ; et il comprend que ces sages conseillères, qui lui ont fourni, dans les temps difficiles, une consolation et une récréation utiles, allument de leur souffle divin et alimentent de leur substance vivifiante l'amour sacré de la patrie, dans le cœur de nos soldats et l'âme de nos travailleurs, soutenant avec une émulation égale, les uns la gloire, les autres la prospérité du pays.

Répandues avec discernement et appropriées à chaque classe d'esprits et de professions, selon une méthode et une loi sur lesquelles je me propose de m'expliquer à part, les lettres peuvent amener notre homogénéité sociale, au même degré que nos institutions ont centralisé nos forces, et achever notre unité nationale ; et elles contribueront surtout à l'harmonie dès que l'éducation viendra rappeler chacun à sa vocation et aux devoirs qu'elle implique.

Jamais le présent n'a mieux fait augurer de l'avenir qu'en ce moment même. La guerre, qui vient de finir, guerre tout humanitaire, et la paix, qui l'a suivie, sont un grand pas vers le triomphe de la justice et le règne de l'équité. C'est l'acheminement vers un état pacifique des plus favorables aux lettres, prêtes à refleurir avec un nouvel éclat sous les auspices du magnanime souverain à qui revient tout l'honneur de changements si féconds et toute la gloire d'événements qu'il a su attendre avec prudence, diriger avec fermeté et mener à fin avec modération et avec grandeur.

Lui qui a tenu dans ses mains les destinées d'un grand Empire, il a préféré l'épargner que d'exposer l'Europe aux dangers d'un ébranlement général. Quand la France lui prodiguait ses trésors, ses enfants, en lui criant : en avant ! il a préféré, aux chances de malheurs incalculables, les préliminaires d'une paix capable de régler par la conciliation les intérêts que des hostilités prolongées pouvaient compromettre gravement. On ne joue pas impunément le sort des batailles ; la guerre grandit, mais aussi elle brise. C'est aux souverains de l'empêcher pour toujours par leur observation du droit des gens et leur sollicitude à s'occuper de l'amélioration matérielle et morale de leurs États. La pratique d'une liberté sage succédant à la paix armée assurera l'avenir des peuples.

Modéré par caractère, guerrier quand les circonstances le commandent, Napoléon III étonne, par sa profonde réserve, l'Europe qu'il frappe par la variété de ses ressources ; aussi est-il le centre de la politique générale. Son arme fatale, c'est la diplomatie ; sa religion, c'est la justice, et le Ciel, qu'il invoque sans cesse, l'inspire toujours heureusement. Mais si une influence purement morale suffit à sa magnanimité, que l'étranger se garde de trop tenter son ambition. Enfant d'une révolution au service de laquelle il était appelé par le prestige de son nom, et dont il évite les écarts avec une sagesse qui ne se dément jamais, il saura au besoin en tirer les conséquences majeures et en réaliser tous les avantages.

Et que de grands résultats obtenus en peu de temps, pour démontrer sa force et son génie politique et militaire !

L'autorité relevée et l'ordre rétabli à l'intérieur de l'Empire restauré, soumis à une administration aussi expéditive que régulière ; notre prépondérance rétablie au dehors, signalent sa politique. La soumission des Kabyles, l'ambition russe limitée et la tyrannie autrichienne réprimée ; l'Angleterre inquiète et la mémoire de Napoléon vengée : la Turquie sauvée et l'Italie affranchie, en face de la neutralité armée de l'Europe, tels sont les hauts faits qui témoignent de sa suprématie militaire ; tels sont les services qui suffisent pour immortaliser le nom de Napoléon III !....

Præsens divus habebitur
Augustus, adjectis Britannis
Império, gravibusque Persis.

La paix à régulariser, à consolider et à étendre, des besoins moraux à satisfaire, des vœux universels à combler, tels sont les préludes de l'ère nouvelle. Au déclin des vieilles aristocraties, la démocratie s'élève simple calme et radieuse.

Magnus ab integro sæculorum nascitur ordo.

NAPOLÉON III est le digne successeur du moderne César, dont il est venu reprendre et compléter l'œuvre ; il l'égale en génie, il le surpasse en prudence. Moins jaloux d'étendre les limites de l'empire que de grandir son influence morale, il ne fait la guerre que pour assurer la paix ; et, s'il agit au dehors par la force des armes, « c'est pour affranchir, non pour conquérir ; » car il règne sur un peuple plus heureux d'éclairer les nations voisines par la splendeur de sa civilisation que de les violenter par la guerre.

C'est dans les produits du travail et les prodiges de l'invention qu'il entrevoit la richesse de la France ; c'est par l'habileté de son administration qu'il grandit et consolide sa puissance.

Merveilleux élan du travail ! Paris dépouille ses ruines antiques pour offrir aux yeux du monde étonné, dans tout l'éclat de sa magnificence, la reine de la civilisation. Le génie surmontant l'impossible même, l'on voit s'accomplir en un lustre, dans nos camps, dans nos ports, dans nos villes et dans nos campagnes, les travaux que l'on n'osait entreprendre en un siècle.

Omnia jam fiunt fieri quæ posse negabam,
Et nihil est de quo non sit habenda fides.

La richesse financière de la France fait face aux plus grandes entreprises, sans trahir aucune de ces crises qui tourmentent les autres États. Au sein d'une civilisation complexe, où la rivalité des intérêts et l'émulation des découvertes poussent les nations vers le bienêtre que donnent les richesses, et vers des perfectionnements incessants, grâce à la sagesse de ses lois et à la régularité de ses institutions, c'est la France qui, par une aperception plus claire et plus nette des perfections divines, marche à la tête de ce développement, toujours plus harmonieusement beau, avec le triomphe de l'homme sur la nature. A toutes choses, l'Empereur Napoléon II communique l'énergie qui l'anime. Et lui seul est fort, au milieu des autres nations, agitées, tourmentées ; quand tout oscille et chancelle autour de nous, lui seul semble inébranlable. Sous son active domination, l'Empire, florissant à l'intérieur, est redouté et respecté au dehors. L'équité de son caractère et la force de ses armes concourent à propager son influence morale. Et il règne au sein de la prospérité et de l'abondance, le commerce et l'industrie multipliant les ressources d'un peuple, heureux dans le présent, plus riche encore d'avenir.

Redeunt saturnia regna.

Glorieux et fortuné souverain ! cultivez ces semences de vertu, principe de durée et d'influence pour les nations qui les possèdent. Que la France, dans la ferveur nouvelle de ses aspirations spiritualistes, et toute la splendeur de son développement intellectuel, modérant le matérialisme, dont le débordement entraîne la déchéance des peuples et la dissolution des sociétés, continue de donner, secondée et guidée par votre bras, la liberté, la vie et la lumière à qui l'entoure, qu'elle soit plus que jamais, dans sa force d'unité et sa richesse d'ensemble, le cœur et le cerveau du monde ! Ainsi le voulait l'Empereur Napoléon I$^{er}$. Que sous vos sages lois elle s'offre pour modèle à toutes ses rivales, et que, dans sa triple évolution civilisatrice, elle plane de tout le prestige des sciences, des lettres et des arts, perfectionnés par une spéculation plus haute, fortifiés par une raison plus mûre, et guide, dans son mouvement général, le monde qui l'appelle, vers l'accomplissement de ses hautes destinées, pour son éternelle gloire et la vôtre, et la félicité suprême de l'humanité entière, renouvelée, transformée. C'est l'ère suprême qui approche.

Adspice convexo nutantem pondere mundum<br>
Terrasque, tractusque maris, cœlumque profundum !<br>
Adspice, venturo lætantur ut omnia Sæclo.

Tels sont les vœux de l'obscur penseur, de l'humble patriote, qui ose élever sa faible voix jusqu'à Votre Majesté, à travers l'infranchissable rempart de héros qui l'entourent. La pensée, qui vient de Dieu, a germé souvent dans l'âme de pauvres prophètes, pour l'accomplissement des plus mystérieux desseins.

Courage, Sire ! La Providence, dont vous interprétez les vues, dont vous exécutez les décrets, vous regarde et vous vient en aide. La France, dont vous servez les intérêts, et dont vous secondez l'héroïsme, vous admire et vous chérit ; et quand l'attention éveillée des États environnants, inquiète, observe et interroge vos moindres actions, la démocratie reconnaissante, convaincue de votre zèle, confiante en votre génie, attend de vous un dernier mot.

**V.-B. MARTY.**

PARIS. — IMPRIMERIE DE DUBUISSON ET Cᵉ, RUE COQ-HÉRON, 5.